MW01622430

CÓMO ALCANZAR EL ÉXITO SIN DARTE CUENTA

"PEQUEÑAS MEJORAS TODOS LOS DÍAS TE LLEVAN A GRANDES CAMBIOS".

CÓMO ALCANZAR EL ÉXITO SIN DARTE CUENTA - EL JOURNAL

Redacción: María Luisa Burillo
Diseñadora: Ana Paula Reynoso Ibarra
Primera edición: Mayo 2021
Segunda edición: Julio 2021
Edición: Editorial Shanti Nilaya®
Diseño de Interiores: Editorial Shanti Nilaya®
Portada: Editorial Shanti Nilaya®

ISBN | 978-607-8408-66-5
Amaya Ediciones S.A. de C.V

juandiegogpv@gmail.com
shantinilaya.life/editorial

Impreso en EE. UU. por Amazon
Printed in USA by Amazon

AGRADEZCO A DIOS, A MI FAMILIA, AMIGOS, MAESTROS, MENTORES Y A MI EQUIPO DE TRABAJO: ANA PAULA REYNOSO IBARRA, DISEÑO; Y MARÍA LUISA BURILLO VELASCO, REDACCIÓN; Y A TODAS LAS PERSONAS QUE HICIERON POSIBLE LA CREACIÓN DE ESTE JOURNAL.

PARA MI ABUELO ENRIQUE, QUE ME ENSEÑÓ A DISFRUTAR DEL MOMENTO.

¡BIENVENDIO A TU JOURNAL KAIZEN!
ERES UNA PERSONA ABIERTA A NUEVAS IDEAS; TE GUSTA INVERTIR EN TI MISMO Y ESTÁS EN BÚSQUEDA DE UN CAMBIO POSITIVO Y DURADERO...

SOLO TIENES QUE FIRMAR AQUÍ PARA LOGRARLO

____

ÍNDICE

CÓMO ALCANZAR EL ÉXITO SIN DARTE CUENTA

- TODOS TENEMOS ALGO QUE APORTAR A LOS DEMÁS. SABES QUE PUEDES HACER MÁS, PERO NO LOGRAS ATERRIZAR TUS IDEAS... TU JOURNAL KAIZEN TE HARÁ PASAR A LA ACCIÓN, DANDO CONFIANZA A TU PALABRA PORQUE CUMPLES LO QUE TE PROPONES. ASÍ, TÚ MISMO TE RECONOCERÁS COMO UNA PERSONA DE ALTO VALOR FRENTE A LA MAYORÍA.

- TU JOURNAL FUE CREADO PARA TRANSMITIRTE EL GRAN PODER DEL KAIZEN, -PEQUEÑOS PASOS TODOS LOS DÍAS TE LLEVAN A GRANDES CAMBIOS-. JUNTO CON LOS BENEFICIOS DEL JOURNALING, LOGRARÁS BUENOS HÁBITOS Y CAMBIOS POSITIVOS SIN IMPORTAR CUÁL SEA TU META.

BENEFICIOS DE UTILIZAR UN JOURNAL

UN ESTUDIO DE LA UNIVERSIDAD DE ROCHESTER MEDICAL CENTER Y EL NEW YORK TIMES SUGIEREN EL JOURNALING COMO UNO DE LOS ACTOS DE AUTOCUIDADO MÁS EFECTIVOS; ES UNA DE LAS MEJORES FORMAS DE LIDIAR CON CUALQUIER EMOCIÓN, CONVIRTIÉNDOSE EN UNA HERRAMIENTA ÚTIL PARA CONTROLAR LA SALUD MENTAL.

LLEVAR UN JOURNAL PUEDE AYUDARTE A:

- CONTROLAR LA ANSIEDAD
- CENTRARSE EN LAS PRIORIDADES
- MEJORAR LA MEMORIA
- REDUCIR DISTRACCIONES
- IDENTIFICAR OPORTUNIDADES DE CRECIMIENTO
- MEJORAR EL ESTADO DE ÁNIMO
- REDUCIR EL ESTRÉS
- AUMENTAR EL COEFICIENTE INTELECTUAL
- MEJORAR EL SUEÑO
- ORGANIZARTE MEJOR

KAIZEN

改善

IDEOLOGÍA DEL KAIZEN

¿TE CUESTA TRABAJO
CUMPLIR TUS METAS?

LA FILOSOFÍA DEL KAIZEN
ESTÁ BASADA EN EL TAO TE CHING

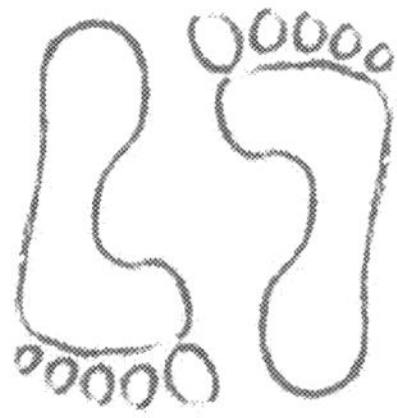

UN VIAJE DE MIL MILLAS
COMIENZA CON UN SOLO PASO".

EL PODER DEL KAIZEN HA
AYUDADO A MILES DE PERSONAS
DANDO PEQUEÑOS PASOS PARA
CUMPLIR METAS A LARGO PLAZO.

KAIZEN

CAMBIO POSITIVO

改 善

"PEQUEÑAS MEJORAS TODOS LOS DÍAS TE LLEVAN A GRANDES CAMBIOS".

– Ideología del Kaizen

1% MEJOR CADA DÍA

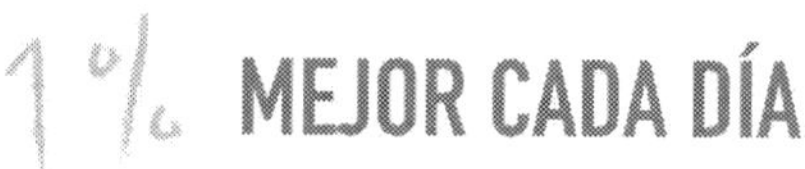

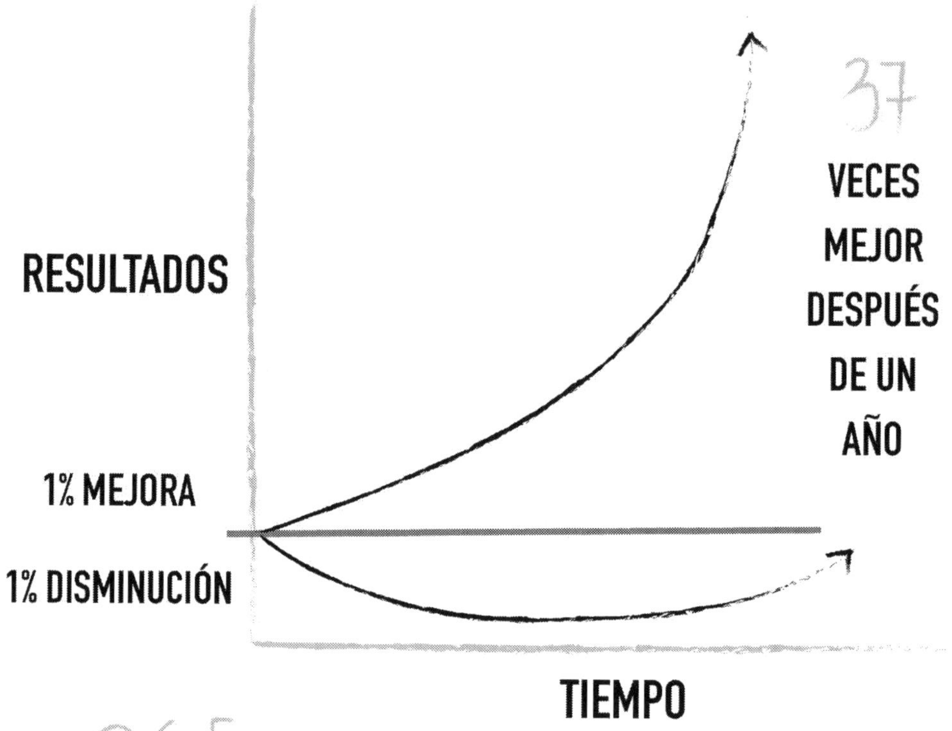
RESULTADOS
37
VECES
MEJOR
DESPUÉS
DE UN
AÑO
1% MEJORA
1% DISMINUCIÓN
TIEMPO

365 DÍAS

DEL LIBRO *ATOMIC HABITS,* JAMES CLEAR
UN BEST SELLER DEL NEW YORK TIMES.

¿CÓMO FUNCIONA EL JOURNAL?

EL PLAN DE MAÑANA

POR LAS NOCHES ORGANIZA TUS PENDIENTES DEL DÍA SIGUIENTE. PRIORIZA LAS 5 COSAS QUE TENGAS QUE HACER PARA QUE COMIENCES TU DÍA AL CIEN.

HOY AGRADEZCO LAS 3C

INVESTIGACIONES DEMUESTRAN QUE LA GRATITUD PUEDE AYUDAR A EQUILIBRAR NUESTRO ESTADO MENTAL; ESCRIBIR SOBRE LO QUE ESTAMOS AGRADECIDOS NOS LLEVA A UN SENTIMIENTO POSITIVO.
CONTAR NUESTRAS BENDICIONES NO SOLO NOS ANIMA, TAMBIÉN PUEDE MEJORAR NUESTRA SALUD, BIENESTAR Y AMOR PROPIO.

LAS 3 "C" SON LAS 3 COSAS QUE AGRADEZCO DE MI DÍA

- AGRADEZCO QUE HOY ME FUE BIEN EN MI TRABAJO.
- AGRADEZCO QUE TENGO A MIS PAPÁS Y HERMANOS.
- AGRADEZCO MI SALUD Y LOS AMIGOS QUE TENGO.

METAS LOGRADAS

CUANDO AUTOPREMIAS TUS BUENAS CONDUCTAS, INCONSCIENTEMENTE VAS A VER ESE RESULTADO COMO CONSECUENCIA DE TU ESFUERZO, ASÍ VAS A SEGUIR LOGRANDO LO QUE TE PROPONES.

NOTAS PERSONALES

SON TU PENSAMIENTOS DEL DÍA. AQUÍ PUEDES ESCRIBIR CUALQUIER COSA QUE SE TE VENGA A LA MENTE. ES UN ESPACIO TOTALMENTE LIBRE PARA TI; PUEDES DESAHOGARTE O APOYARTE CON ESTAS PREGUNTAS:

- ¿CÓMO TE FUE?
- ¿QUÉ APRENDISTE?
- ¿QUÉ NO TE GUSTÓ?
- ¿CÓMO TE SIENTES?
- ¿QUÉ IDEAS SURGIERON?

PREGUNTAS KAIZEN

SON PEQUEÑAS PREGUNTAS QUE TE PUEDES HACER A TI MISMO PARA MEJORAR EN CUALQUIER ASPECTO DE TU VIDA, CREANDO UN ENTORNO MENTAL QUE DA LA BIENVENIDA A LA CREATIVIDIDAD Y ALEGRÍA, AL IGUAL QUE AYUDA A CALMAR MIEDOS. EL PSICÓLOGO ROBERT MAURER COMPARTE EN SU LIBRO ALGUNAS DE LAS PREGUNTAS KAIZEN MÁS FAMOSAS QUE HAN CAMBIADO MILES DE VIDAS.

EJEMPLOS DE PREGUNTAS KAIZEN

- ¿A QUIÉN PUEDO PEDIR AYUDA O QUIÉN ME INSPIRA?
- ¿QUÉ ES ESPECIAL EN MI CREATIVIDAD?
  (PROCESO/ TALENTO/ TRABAJO EN EQUIPO)
- ¿QUÉ TIPO DE TRABAJO ME EMOCIONARÍA O LLENARÍA?

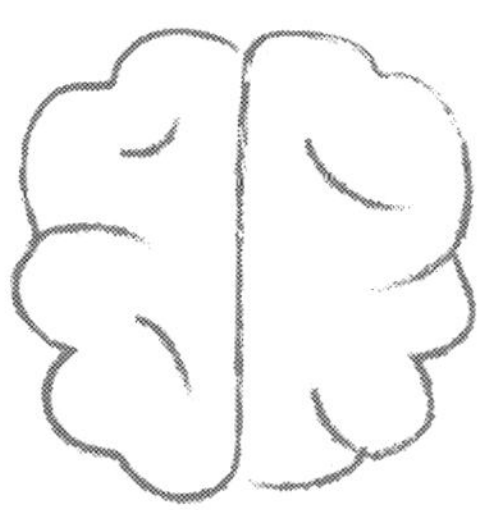

REPITIÉNDOTE ESTAS PREGUNTAS DIARIAMENTE, AYUDARÁ A QUE TU HIPOCAMPO, QUE ES LA ZONA DENTRO DE NUESTRO CEREBRO DONDE ESTÁ ALMACENADA NUESTRA INFORMACIÓN, NO LE QUEDE DE OTRA MÁS QUE DARTE LA RESPUESTA A LO QUE ESTÁS BUSCANDO.

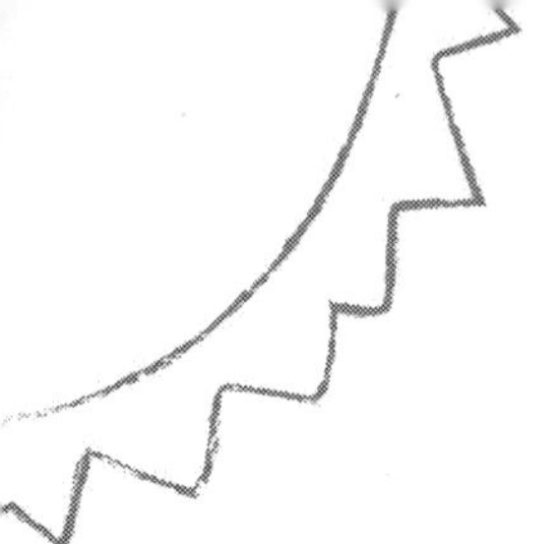

RITUAL KAIZEN

LAS MAÑANAS SON FUNDAMENTALES PARA COMENZAR TU DÍA.

EL RITUAL KAIZEN SE TRATA DE CREAR UNA RUTINA PROPIA, DONDE TODAS LAS MAÑANAS ANTES DE INICIAR TU DÍA, TE PLANTEES UNA SERIE DE ACTIVIDADES QUE CREAS IMPORTANTES PARA LOGRAR UN BUEN DESEMPEÑO PERSONAL Y LOGRAR HÁBITOS POSITIVOS QUE IMPULSEN EL RESTO DE TU DÍA.

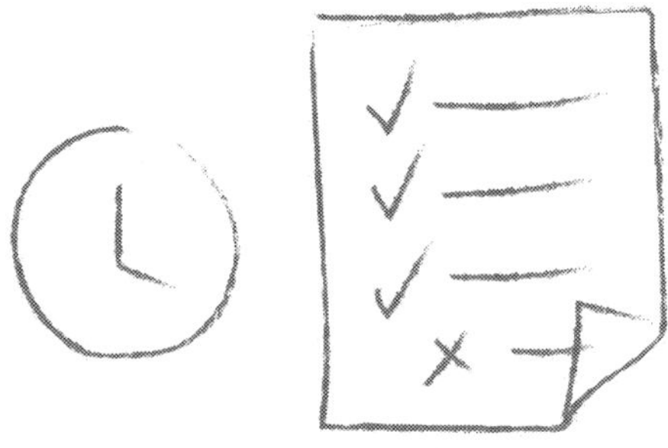

EJEMPLO DE UN RITUAL KAIZEN

- NO USAR MI CELULAR LOS PRIMEROS 30 MIN. DEL DÍA
- LEER 10 MINUTOS
- TOMAR 1L AGUA NATURAL
- HACER EJERCICIO
- TOMARME UN CAFÉ
- MEDITAR

¿CUÁL ES TU RITUAL KAIZEN?

1. ____

2. ____

3. ____

4. ____

5. ____

6. ____

7. ____

LIBROS POR LEER

- [x] *One small step can change your life* – Robert Maurer.

EJEMPLO HOJA DIARIA

FECHA 05 / 06 / 21

PLAN DE MAÑANA

Por las noches, organiza y escribe tus 5 cosas más importantes por hacer del día siguiente y al terminar el día, regresa y palomea lo que hayas cumplido.

- [x] ir al supermercado
- [x] tocar el piano 20 minutos
- [x] ir a mi junta a las 12:00
- [ ] buscar un nuevo cliente
- [x] terminar proyecto de la escuela

HOY AGRADEZCO

Completa tus 3C, siempre hay algo por que estar agradecido.

- mi trabajo
- mi salud y la de mi familia
- la comida de hoy

RITUAL KAIZEN

Si completaste tu ritual por la mañana, palomea el sol.

Lo importante es reconocer el sentimiento para poder convivir con él.

¿CÓMO ME SENTÍ HOY?

Es muy importante tomarnos el tiempo de analizar cómo nos sentimos diariamente.

Si cumpliste estas cuatro tareas durante tu día, palomealas.

AGUA EJERCICIO LEER TIEMPO PARA MÍ

EJEMPLO HOJA SEMANAL

METAS LOGRADAS ESTA SEMANA

Al finalizar la semana, anota 3 cosas que hayas logrado, es muy importante reconocer lo que hacemos, ya que autopremiarnos nos motiva.

- ○ Me inscribí en el gimnasio
- ○ Conseguí 2 nuevos clientes
- ○ Terminé mi tesis

¿QUÉ PEQUEÑOS PASOS PUEDO DAR PARA MEJORAR LA SIGUIENTE SEMANA?

¿Qué podrías cambiar la siguiente semana?, ¿qué cosas nuevas puedes hacer y qué cosas debes dejar de hacer?, reflexionar es esencial para tu crecimiento.

- ☐ Ir 2 o 3 veces al gimnasio
- ☐ Buscar un profesor de francés
- ☐ Aprender técnicas de negocios

PREGUNTAS KAIZEN

Son pequeñas preguntas hacia ti mismo, hacer estas preguntas te da creatividad y felicidad, repetir estas preguntas genera que tu cerebro dé una respuesta automática

- ☆ ¿Qué me motiva para no faltar al gimnasio?
- ☆ ¿Cuál sería mi trabajo ideal?
- ☆ ¿Qué curso puedo tomar que aporte a mi crecimiento personal?

EJEMPLO NOTAS DEL DÍA

Parte esencial del journal eres tú y tus ideas, aquí es para que escribas cualquier cosa que tengas en mente, lo que quieras, cuando quieras.

este es un espacio totalmente LIBRE para tí

INICIO DEL JOURNAL

/ /

EL PLAN DE MAÑANA

☐ ______________________________

☐ ______________________________

☐ ______________________________

☐ ______________________________

☐ ______________________________

HOY AGRADEZCO

○ ______________________________

○ ______________________________

○ ______________________________

RITUAL KAIZEN

¿CÓMO ME SENTÍ HOY?

AGUA

EJERCICIO

LEER

TIEMPO PARA MÍ

NOTAS DEL DÍA

/ /

EL PLAN DE MAÑANA

- [ ] ______________________________
- [ ] ______________________________
- [ ] ______________________________
- [ ] ______________________________
- [ ] ______________________________

HOY AGRADEZCO

○ ______________________________

○ ______________________________

○ ______________________________

RITUAL KAIZEN

¿CÓMO ME SENTÍ HOY?

AGUA

EJERCICIO

LEER

TIEMPO PARA MÍ

NOTAS DEL DÍA

/ /

EL PLAN DE MAÑANA

- [ ]
- [ ]
- [ ]
- [ ]
- [ ]

HOY AGRADEZCO

RITUAL KAIZEN

¿CÓMO ME SENTÍ HOY?

LEER

NOTAS DEL DÍA

/ /

EL PLAN DE MAÑANA

- [ ]
- [ ]
- [ ]
- [ ]
- [ ]

HOY AGRADEZCO

○

○

○

RITUAL KAIZEN

¿CÓMO ME SENTÍ HOY?

AGUA

EJERCICIO

LEER

TIEMPO PARA MÍ

NOTAS DEL DÍA

/ /

EL PLAN DE MAÑANA

- [ ]
- [ ]
- [ ]
- [ ]
- [ ]

HOY AGRADEZCO

-
-
-

RITUAL KAIZEN

¿CÓMO ME SENTÍ HOY?

AGUA

EJERCICIO

LEER

TIEMPO PARA MÍ

NOTAS DEL DÍA

/ /

EL PLAN DE MAÑANA

- ☐ ______________________________
- ☐ ______________________________
- ☐ ______________________________
- ☐ ______________________________
- ☐ ______________________________

HOY AGRADEZCO

- ○ ________________________
- ○ ________________________
- ○ ________________________

RITUAL KAIZEN

¿CÓMO ME SENTÍ HOY?

EJERCICIO

LEER

NOTAS DEL DÍA

/ /

EL PLAN DE MAÑANA

- [ ]
- [ ]
- [ ]
- [ ]
- [ ]

HOY AGRADEZCO

○

○

○

RITUAL KAIZEN

¿CÓMO ME SENTÍ HOY?

EJERCICIO

LEER

TIEMPO PARA MÍ

NOTAS DEL DÍA

METAS LOGRADAS ESTA SEMANA

- ○
- ○
- ○

¿QUÉ PEQUEÑOS PASOS PUEDO DAR PARA MEJORAR LA SIGUIENTE SEMANA?

- ☐
- ☐
- ☐

PREGUNTAS KAIZEN

- ☆
- ☆
- ☆

“LA EXCELENCIA NO ES UN ACTO, ES UN HÁBITO”

ARISTÓTELES

1/8

/ /

EL PLAN DE MAÑANA

- [ ]
- [ ]
- [ ]
- [ ]
- [ ]

HOY AGRADEZCO

○

○

○

RITUAL KAIZEN

¿CÓMO ME SENTÍ HOY?

 AGUA  EJERCICIO  LEER  TIEMPO PARA MÍ

NOTAS DEL DÍA

/ /

EL PLAN DE MAÑANA

- [ ]
- [ ]
- [ ]
- [ ]
- [ ]

HOY AGRADEZCO

○
○
○

RITUAL KAIZEN

¿CÓMO ME SENTÍ HOY?

AGUA

EJERCICIO

LEER

TIEMPO PARA MÍ

NOTAS DEL DÍA

/ /

EL PLAN DE MAÑANA

- [ ]
- [ ]
- [ ]
- [ ]
- [ ]

HOY AGRADEZCO

○
○
○

RITUAL KAIZEN

¿CÓMO ME SENTÍ HOY?

AGUA

EJERCICIO

LEER

TIEMPO PARA MÍ

NOTAS DEL DÍA

/ /

EL PLAN DE MAÑANA

- [ ]
- [ ]
- [ ]
- [ ]
- [ ]

HOY AGRADEZCO

RITUAL KAIZEN

¿CÓMO ME SENTÍ HOY?

AGUA

EJERCICIO

LEER

TIEMPO PARA MÍ

NOTAS DEL DÍA

/ /

EL PLAN DE MAÑANA

- [ ]
- [ ]
- [ ]
- [ ]
- [ ]

HOY AGRADEZCO

○

○

○

RITUAL KAIZEN

¿CÓMO ME SENTÍ HOY?

EJERCICIO

LEER

NOTAS DEL DÍA

/ /

EL PLAN DE MAÑANA

- ☐
- ☐
- ☐
- ☐
- ☐

HOY AGRADEZCO

- ○
- ○
- ○

RITUAL KAIZEN

¿CÓMO ME SENTÍ HOY?

 EJERCICIO

 LEER

NOTAS DEL DÍA

/ /

EL PLAN DE MAÑANA

- [ ]
- [ ]
- [ ]
- [ ]
- [ ]

HOY AGRADEZCO

○
○
○

RITUAL KAIZEN

¿CÓMO ME SENTÍ HOY?

EJERCICIO

LEER

NOTAS DEL DÍA

METAS LOGRADAS ESTA SEMANA

○ ___

○ ___

○ ___

¿QUÉ PEQUEÑOS PASOS PUEDO DAR PARA MEJORAR LA SIGUIENTE SEMANA?

☐ ___

☐ ___

☐ ___

PREGUNTAS KAIZEN

☆ ___

☆ ___

☆ ___

“UNO NO PUEDE CONSTRUIR UNA REPUTACIÓN ACERCA DE LO QUE VA A HACER”.

HENRY FORD

/ /

EL PLAN DE MAÑANA

- [ ]
- [ ]
- [ ]
- [ ]
- [ ]

HOY AGRADEZCO

RITUAL KAIZEN

¿CÓMO ME SENTÍ HOY?

 AGUA

 EJERCICIO

 LEER

 TIEMPO PARA MÍ

NOTAS DEL DÍA

/ /

EL PLAN DE MAÑANA

☐ ____________________

☐ ____________________

☐ ____________________

☐ ____________________

☐ ____________________

HOY AGRADEZCO

○ ____________________

○ ____________________

○ ____________________

RITUAL KAIZEN

¿CÓMO ME SENTÍ HOY?

LEER

NOTAS DEL DÍA

/ /

EL PLAN DE MAÑANA

- [ ]
- [ ]
- [ ]
- [ ]
- [ ]

HOY AGRADEZCO

○

○

○

RITUAL KAIZEN

¿CÓMO ME SENTÍ HOY?

EJERCICIO

LEER

NOTAS DEL DÍA

/ /

EL PLAN DE MAÑANA

- [ ]
- [ ]
- [ ]
- [ ]
- [ ]

HOY AGRADEZCO

RITUAL KAIZEN

¿CÓMO ME SENTÍ HOY?

AGUA

EJERCICIO

LEER

TIEMPO PARA MÍ

NOTAS DEL DÍA

/ /

EL PLAN DE MAÑANA

- ☐
- ☐
- ☐
- ☐
- ☐

HOY AGRADEZCO

- ○
- ○
- ○

RITUAL KAIZEN

¿CÓMO ME SENTÍ HOY?

EJERCICIO

LEER

NOTAS DEL DÍA

| / / |

EL PLAN DE MAÑANA

- [ ] ______
- [ ] ______
- [ ] ______
- [ ] ______
- [ ] ______

HOY AGRADEZCO

○ ______

○ ______

○ ______

RITUAL KAIZEN

¿CÓMO ME SENTÍ HOY?

TIEMPO PARA MÍ

NOTAS DEL DÍA

/ /

EL PLAN DE MAÑANA

- [ ]
- [ ]
- [ ]
- [ ]
- [ ]

HOY AGRADEZCO

○
○
○

RITUAL KAIZEN

¿CÓMO ME SENTÍ HOY?

 AGUA
 EJERCICIO
 LEER
 TIEMPO PARA MÍ

NOTAS DEL DÍA

METAS LOGRADAS ESTA SEMANA

○ ______________________________

○ ______________________________

○ ______________________________

¿QUÉ PEQUEÑOS PASOS PUEDO DAR PARA MEJORAR LA SIGUIENTE SEMANA?

☐ ______________________________

☐ ______________________________

☐ ______________________________

PREGUNTAS KAIZEN

☆ ______________________________

☆ ______________________________

☆ ______________________________

“EL ÉXITO ES PRODUCTO DE LOS HÁBITOS DIARIOS”.

JAMES CLEAR

3/8

/ /

EL PLAN DE MAÑANA

- [ ]
- [ ]
- [ ]
- [ ]
- [ ]

HOY AGRADEZCO

○
○
○

RITUAL KAIZEN

¿CÓMO ME SENTÍ HOY?

 AGUA

 EJERCICIO

 LEER

 TIEMPO PARA MÍ

NOTAS DEL DÍA

/ /

EL PLAN DE MAÑANA

- ☐
- ☐
- ☐
- ☐
- ☐

HOY AGRADEZCO

○
○
○

RITUAL KAIZEN

¿CÓMO ME SENTÍ HOY?

AGUA

EJERCICIO

LEER

TIEMPO PARA MÍ

NOTAS DEL DÍA

/ /

EL PLAN DE MAÑANA

☐ ____________________

☐ ____________________

☐ ____________________

☐ ____________________

☐ ____________________

HOY AGRADEZCO

○ ____________________

○ ____________________

○ ____________________

RITUAL KAIZEN

¿CÓMO ME SENTÍ HOY?

AGUA

EJERCICIO

LEER

TIEMPO PARA MÍ

NOTAS DEL DÍA

/ /

EL PLAN DE MAÑANA

- [ ]
- [ ]
- [ ]
- [ ]
- [ ]

HOY AGRADEZCO

RITUAL KAIZEN

¿CÓMO ME SENTÍ HOY?

AGUA

EJERCICIO

LEER

TIEMPO PARA MÍ

NOTAS DEL DÍA

/ /

EL PLAN DE MAÑANA

- [ ]
- [ ]
- [ ]
- [ ]
- [ ]

HOY AGRADEZCO

○

○

○

RITUAL KAIZEN

¿CÓMO ME SENTÍ HOY?

EJERCICIO

LEER

NOTAS DEL DÍA

/ /

EL PLAN DE MAÑANA

- [ ]
- [ ]
- [ ]
- [ ]
- [ ]

HOY AGRADEZCO

○

○

○

RITUAL KAIZEN

¿CÓMO ME SENTÍ HOY?

AGUA

EJERCICIO

LEER

TIEMPO PARA MÍ

NOTAS DEL DÍA

/ /

EL PLAN DE MAÑANA

- [ ]
- [ ]
- [ ]
- [ ]
- [ ]

HOY AGRADEZCO

RITUAL KAIZEN

¿CÓMO ME SENTÍ HOY?

AGUA

EJERCICIO

LEER

TIEMPO PARA MÍ

NOTAS DEL DÍA

METAS LOGRADAS ESTA SEMANA

○ ______

○ ______

○ ______

¿QUÉ PEQUEÑOS PASOS PUEDO DAR PARA MEJORAR LA SIGUIENTE SEMANA?

☐ ______

☐ ______

☐ ______

PREGUNTAS KAIZEN

☆ ______

☆ ______

☆ ______

“LA RAÍZ DE TODO BIEN REPOSA EN LA TIERRA DE LA GRATITUD”.

DALAI LAMA

4/8

/ /

EL PLAN DE MAÑANA

- [ ] ______
- [ ] ______
- [ ] ______
- [ ] ______
- [ ] ______

HOY AGRADEZCO

○ ______

○ ______

○ ______

RITUAL KAIZEN

¿CÓMO ME SENTÍ HOY?

AGUA

EJERCICIO

LEER

TIEMPO PARA MÍ

NOTAS DEL DÍA

/ /

EL PLAN DE MAÑANA

- [ ]
- [ ]
- [ ]
- [ ]
- [ ]

HOY AGRADEZCO

○

○

○

RITUAL KAIZEN

¿CÓMO ME SENTÍ HOY?

 AGUA  EJERCICIO  LEER  TIEMPO PARA MÍ

NOTAS DEL DÍA

/ /

EL PLAN DE MAÑANA

- ☐ ____
- ☐ ____
- ☐ ____
- ☐ ____
- ☐ ____

HOY AGRADEZCO

- ○ ____
- ○ ____
- ○ ____

RITUAL KAIZEN

¿CÓMO ME SENTÍ HOY?

AGUA

EJERCICIO

LEER

TIEMPO PARA MÍ

NOTAS DEL DÍA

/ /

EL PLAN DE MAÑANA

- [ ]
- [ ]
- [ ]
- [ ]
- [ ]

HOY AGRADEZCO

○

○

○

RITUAL KAIZEN

¿CÓMO ME SENTÍ HOY?

EJERCICIO

LEER

NOTAS DEL DÍA

/ /

EL PLAN DE MAÑANA

- ☐
- ☐
- ☐
- ☐
- ☐

HOY AGRADEZCO

RITUAL KAIZEN

¿CÓMO ME SENTÍ HOY?

AGUA

EJERCICIO

LEER

TIEMPO PARA MÍ

NOTAS DEL DÍA

/ /

EL PLAN DE MAÑANA

- [ ]
- [ ]
- [ ]
- [ ]
- [ ]

HOY AGRADEZCO

○

○

○

RITUAL KAIZEN

¿CÓMO ME SENTÍ HOY?

 AGUA
 EJERCICIO
 LEER
 TIEMPO PARA MÍ

NOTAS DEL DÍA

/ /

EL PLAN DE MAÑANA

- [ ]
- [ ]
- [ ]
- [ ]
- [ ]

HOY AGRADEZCO

○

○

○

RITUAL KAIZEN

¿CÓMO ME SENTÍ HOY?

NOTAS DEL DÍA

METAS LOGRADAS ESTA SEMANA

○ ______

○ ______

○ ______

¿QUÉ PEQUEÑOS PASOS PUEDO DAR PARA MEJORAR LA SIGUIENTE SEMANA?

☐ ______

☐ ______

☐ ______

PREGUNTAS KAIZEN

☆ ______

☆ ______

☆ ______

“CREO QUE ES POSIBLE PARA LA GENTE NORMAL ELEGIR SER EXTRAORDINARIA”.

ELON MUSK

5/8

/ /

EL PLAN DE MAÑANA

- [ ] ______
- [ ] ______
- [ ] ______
- [ ] ______
- [ ] ______

HOY AGRADEZCO

○ ______

○ ______

○ ______

RITUAL KAIZEN

¿CÓMO ME SENTÍ HOY?

NOTAS DEL DÍA

/ /

EL PLAN DE MAÑANA

- [ ] ______________________
- [ ] ______________________
- [ ] ______________________
- [ ] ______________________
- [ ] ______________________

HOY AGRADEZCO

- ______________________
- ______________________
- ______________________

RITUAL KAIZEN

¿CÓMO ME SENTÍ HOY?

LEER

NOTAS DEL DÍA

/ /

EL PLAN DE MAÑANA

- [ ]
- [ ]
- [ ]
- [ ]
- [ ]

HOY AGRADEZCO

○

○

○

RITUAL KAIZEN

¿CÓMO ME SENTÍ HOY?

EJERCICIO

LEER

TIEMPO PARA MÍ

NOTAS DEL DÍA

/ /

EL PLAN DE MAÑANA

- ☐
- ☐
- ☐
- ☐
- ☐

HOY AGRADEZCO

- ○
- ○
- ○

RITUAL KAIZEN

¿CÓMO ME SENTÍ HOY?

EJERCICIO

LEER

NOTAS DEL DÍA

/ /

EL PLAN DE MAÑANA

- [ ]
- [ ]
- [ ]
- [ ]
- [ ]

HOY AGRADEZCO

RITUAL KAIZEN

¿CÓMO ME SENTÍ HOY?

NOTAS DEL DÍA

/ /

EL PLAN DE MAÑANA

- [ ]
- [ ]
- [ ]
- [ ]
- [ ]

HOY AGRADEZCO

○

○

○

RITUAL KAIZEN

¿CÓMO ME SENTÍ HOY?

LEER

NOTAS DEL DÍA

/ /

EL PLAN DE MAÑANA

- ☐
- ☐
- ☐
- ☐
- ☐

HOY AGRADEZCO

- ○
- ○
- ○

RITUAL KAIZEN

¿CÓMO ME SENTÍ HOY?

AGUA

EJERCICIO

LEER

TIEMPO PARA MÍ

NOTAS DEL DÍA

METAS LOGRADAS ESTA SEMANA

○ ______

○ ______

○ ______

¿QUÉ PEQUEÑOS PASOS PUEDO DAR PARA MEJORAR LA SIGUIENTE SEMANA?

☐ ______

☐ ______

☐ ______

PREGUNTAS KAIZEN

☆ ______

☆ ______

☆ ______

"ANTES SE TRATABA DE INTENTAR HACER ALGO. AHORA SE TRATA DE INTENTAR SER ALGUIEN".

MARGARET THATCHER

6/8

/ /

EL PLAN DE MAÑANA

- ☐
- ☐
- ☐
- ☐
- ☐

HOY AGRADEZCO

- ○
- ○
- ○

RITUAL KAIZEN

¿CÓMO ME SENTÍ HOY?

LEER

NOTAS DEL DÍA

/ /

EL PLAN DE MAÑANA

- ☐ ______
- ☐ ______
- ☐ ______
- ☐ ______
- ☐ ______

HOY AGRADEZCO

- ○ ______
- ○ ______
- ○ ______

RITUAL KAIZEN

¿CÓMO ME SENTÍ HOY?

AGUA

EJERCICIO

LEER

TIEMPO PARA MÍ

NOTAS DEL DÍA

/ /

EL PLAN DE MAÑANA

- ☐
- ☐
- ☐
- ☐
- ☐

HOY AGRADEZCO

- ○
- ○
- ○

RITUAL KAIZEN

¿CÓMO ME SENTÍ HOY?

NOTAS DEL DÍA

/ /

EL PLAN DE MAÑANA

- ☐
- ☐
- ☐
- ☐
- ☐

HOY AGRADEZCO

- ○
- ○
- ○

RITUAL KAIZEN

LEER

NOTAS DEL DÍA

/ /

EL PLAN DE MAÑANA

- [ ]
- [ ]
- [ ]
- [ ]
- [ ]

HOY AGRADEZCO

-
-
-

RITUAL KAIZEN

¿CÓMO ME SENTÍ HOY?

LEER

NOTAS DEL DÍA

/ /

EL PLAN DE MAÑANA

☐ ____________________

☐ ____________________

☐ ____________________

☐ ____________________

☐ ____________________

HOY AGRADEZCO

○ ____________________

○ ____________________

○ ____________________

RITUAL KAIZEN

¿CÓMO ME SENTÍ HOY?

AGUA

EJERCICIO

LEER

TIEMPO PARA MÍ

NOTAS DEL DÍA

/ /

EL PLAN DE MAÑANA

- [ ]
- [ ]
- [ ]
- [ ]
- [ ]

HOY AGRADEZCO

○
○
○

RITUAL KAIZEN

¿CÓMO ME SENTÍ HOY?

EJERCICIO

LEER

NOTAS DEL DÍA

METAS LOGRADAS ESTA SEMANA

¿QUÉ PEQUEÑOS PASOS PUEDO DAR PARA MEJORAR LA SIGUIENTE SEMANA?

PREGUNTAS KAIZEN

“NADIE NACE SIENDO BRILLANTE, TE VUELVES BRILLANTE A TRAVÉS DEL TRABAJO ARDUO”.

MICHELLE OBAMA

7/8

/ /

EL PLAN DE MAÑANA

☐

☐

☐

☐

☐

HOY AGRADEZCO

○

○

○

RITUAL KAIZEN

¿CÓMO ME SENTÍ HOY?

NOTAS DEL DÍA

/ /

EL PLAN DE MAÑANA

- [ ]
- [ ]
- [ ]
- [ ]
- [ ]

HOY AGRADEZCO

RITUAL KAIZEN

¿CÓMO ME SENTÍ HOY?

LEER

NOTAS DEL DÍA

/ /

EL PLAN DE MAÑANA

- ☐ ______
- ☐ ______
- ☐ ______
- ☐ ______
- ☐ ______

HOY AGRADEZCO

- ○ ______
- ○ ______
- ○ ______

RITUAL KAIZEN

¿CÓMO ME SENTÍ HOY?

 EJERCICIO

 LEER

NOTAS DEL DÍA

/ /

EL PLAN DE MAÑANA

- ☐ ____
- ☐ ____
- ☐ ____
- ☐ ____
- ☐ ____

HOY AGRADEZCO

- ○ ____
- ○ ____
- ○ ____

RITUAL KAIZEN

¿CÓMO ME SENTÍ HOY?

LEER

TIEMPO PARA MÍ

NOTAS DEL DÍA

/ /

EL PLAN DE MAÑANA

- [ ]
- [ ]
- [ ]
- [ ]
- [ ]

HOY AGRADEZCO

RITUAL KAIZEN

¿CÓMO ME SENTÍ HOY?

AGUA

EJERCICIO

LEER

TIEMPO PARA MÍ

NOTAS DEL DÍA

/ /

EL PLAN DE MAÑANA

- [ ]
- [ ]
- [ ]
- [ ]
- [ ]

HOY AGRADEZCO

-
-
-

RITUAL KAIZEN

¿CÓMO ME SENTÍ HOY?

NOTAS DEL DÍA

/ /

EL PLAN DE MAÑANA

- [ ] ____________________
- [ ] ____________________
- [ ] ____________________
- [ ] ____________________
- [ ] ____________________

HOY AGRADEZCO

○ ____________________

○ ____________________

○ ____________________

RITUAL KAIZEN

¿CÓMO ME SENTÍ HOY?

NOTAS DEL DÍA

METAS LOGRADAS ESTA SEMANA

○ ______________________________

○ ______________________________

○ ______________________________

¿QUÉ PEQUEÑOS PASOS PUEDO DAR PARA MEJORAR LA SIGUIENTE SEMANA?

☐ ______________________________

☐ ______________________________

☐ ______________________________

PREGUNTAS KAIZEN

☆ ______________________________

☆ ______________________________

☆ ______________________________

"LO MEJOR QUE SE PUEDE COMPARTIR ES EL CONOCIMIENTO".

ALAIN DUCASSE

8/8

Made in the USA
Coppell, TX
31 January 2022